RITTER

Richard Platt

unipart

Ritter
unipart bei area

Genehmigte Lizenzausgabe für area verlag gmbh, Erftstadt

Text: Richard Platt
Aus dem Englischen von Cornelia Panzacchi
Zeichnungen: Inklink, Florenz, Italien
Einbandgestaltung: Ulrike Jasser, Heinsberg

Gesamtherstellung: area verlag gmbh, Erftstadt
Printed in Italy 2007

ISBN 978-3-8361-1164-5

www.area-verlag.de

Inhalt

Geschichte der Burgen

Die Burgen des Mittelalters entwickelten sich aus einfachen Einfriedungen auf Erdwällen, die von Gräben umgeben waren, zu großen Festungen mit Steinmauern und einem Bergfried. Sie dienten dazu, die Bewohner vor Feinden zu schützen.

Die ersten Burgen waren Erdbauten auf natürlichen oder künstlich aufgeschütteten Hügeln, um die ein tiefer Graben gezogen worden war. Doch reichten diese einfachen Anlagen damals dazu aus, um ihre Bewohner vor kriegerischen Nachbarn zu schützen. Sie einzunehmen war nicht leicht, denn die Angreifer mussten sich erst die steilen Hänge hinaufkämpfen.

▲ **Die ersten Burgen:** Einfache Festungen auf Anhöhen können 7000 Jahre alt sein. In vielen Gegenden Europas sind zumindest Überreste von ihnen erhalten.

Später wurden oben auf den Hängen stabile Holzwände errichtet. Von ihnen aus hatten die Insassen einen guten Ausblick und konnten Angreifer besser abwehren. Die Normannen Frankreichs entwickelten Festungen aus Erde und Holz, die man als »Motte und Zwinger« bezeichnet. Der Zwinger war ein Holzturm auf einem Erdhügel (Motte). Unterhalb des Zwingers lag der durch einen einfachen Holzzaun geschützte Hof, in den sich bei Gefahr die Menschen aus der Umgebung zusammen mit ihrem Vieh flüchteten.

Festungen aus Holz brannten leicht. Deshalb ging man dazu über, feuerfeste Anlagen aus Steinen zu bauen.

▾ **Motte und Zwinger:** Sie wurden im 10. und 11. Jahrhundert von den französischen Normannen angelegt.

Im 12. Jahrhundert entstanden die ersten Bergfriede. Festungen aus Stein stellten keine neue Erfindung dar, sondern waren tausend Jahre zuvor bereits von Soldaten des Römischen Reichs errichtet worden. Von diesen Festungen aus hatten sie die eroberten Gebiete bewacht. Lange bevor Rom zu einer Weltmacht wurde, hatten die Städte Ägyptens, Griechenlands und Mesopotamiens schützende Mauern aus Stein und Lehmziegeln besessen.

Im Mittelalter (jener Abschnitt der Geschichte, der mit dem Fall Roms 476 n. Chr. begann) ließen sich mächtige Herren inmitten ihrer Besitzungen Bergfriede aus Stein bauen. Im Laufe der Zeit fügten sie weitere Befestigungen hinzu, darunter von Steinmauern umgebene Zwinger. Es entstanden Wachtürme an den Ecken der Mauern, befestigte Torhäuser und Gräben, die mitunter mit Wasser gefüllt waren.

Im 15. Jahrhundert war an den europäischen Burgen kaum noch etwas zu verbessern. Der Bergfried war durch seine Konstruktion nahezu uneinnehmbar und außerdem noch von massiven Ringmauern umgeben.

▴ **Der Bergfried:** Wenn es Angreifern gelungen war, die äußeren Mauern zu stürmen, flüchteten sich die Verteidiger in den Bergfried.

Um 1500 hörte man auf, Burgen zu bauen. Könige und Königinnen waren mächtiger geworden, die Adeligen dagegen, für die zuvor die meisten Burgen errichtet worden waren, hatten ihre Bedeutung und ihren Reichtum eingebüßt. Dazu kam, dass die neu entwickelten Kanonen die Kriegsführung veränderten. Kanonenkugeln konnten selbst die dicksten Burgmauern durchbrechen. Die Burgen unserer Zeit sind die Atombunker, die tief unter der Erde angelegt werden und den gleichen Zweck erfüllen wie die Burgen im Mittelalter.

◂ **Hohe Mauern:** Kombiniert mit tiefen Gräben schützen sie die Burg von Haut Königsburg im Elsass (12. Jh.).

»Wer da?«, ruft die Wache vom Torhaus hinunter. Die Antwort dringt nur schwach und leise herauf: »Helft mir bitte, sonst muss ich sterben! Mein Vater war ein edler Ritter, der in der Schlacht durch das Schwert seines Feindes starb.«

Die Wachen haben Mitleid mit dem Waisenjungen und bringen ihn zum Burgherrn.

Page – Knappe – Ritter

Eine Rüstung und ein Pferd machten aus einem Mann noch lange keinen Ritter. Ritter zu sein war etwas Besonderes, und wer einer werden wollte, musste lange Jahre lernen und üben.

Mittelalterliche Ritter lebten anders als moderne Soldaten. Ritter kämpften um die Ehre und aus Pflichtbewusstsein. Das Gesellschaftssystem, in dem sie lebten, gründete auf dem Prinzip der Herrschaft. Dafür, dass er für einen mächtigen Adeligen kämpfte, erhielt der Ritter Felder und Weiden. Auch der Adelige hatte Pflichten und Rechte. Er musste eine Armee aus Rittern aufstellen, die für einen noch mächtigeren Herrscher kämpften: für einen König oder eine Königin. Sein Lohn dafür war ebenfalls Land – und Macht über seine Untertanen, d. h. die Menschen, die auf seinem Land lebten.

Ritter zu werden ging nicht schnell und war auch nicht leicht. Nur Jungen konnten Ritter werden, vorausgesetzt, sie hatten die richtigen Eltern. Alle Ritter stammten aus adeligen Familien, die die höchste Gesellschaftsschicht jener Zeit bildeten.

▲ **Kindheit:** Bis zu ihrem siebten Lebensjahr erhielten Kinder keinen Unterricht. Die Jungen ahmten in ihren Spielen die Ritter nach.

Adelige Eltern schickten ihre Söhne, sobald diese sieben Jahre alt waren, zu anderen Adeligen. Hier lernten sie und arbeiteten als Pagen.

In seinem neuen Zuhause wurde ein Page meist von einem Kaplan (einem Pfarrer) unterrichtet. Der Junge lernte auf Englisch, Französisch und Latein Lesen und Schreiben und studierte die Bibel und die Mathematik. Man brachte ihm das Reiten und die Kunst des Jagens mit Greifvögeln und Hunden bei. Er lernte auch, sich wie ein Edelmann zu benehmen und was es bedeutete, ein Ritter zu sein.

Falknerei und Jagd

Heute bezeichnet man Jagd und Falknerei häufig als grausame Sportarten, doch im Mittelalter bildeten sie einen wichtigen Teil der Ausbildung von Knappen. Wer ein Edelmann sein wollte, musste den Unterschied zwischen einem Wanderfalken und einem Sperber kennen. Dies waren zwei der Greifvögel, mit denen man Hasen, Kaninchen und kleinere Vögel jagte.

Knappen machten Lannerfalken handzahm, indem sie sie mit Fleischstückchen fütterten und mit einer Feder streichelten. Der fertig ausgebildete Vogel wurde zum ständigen Begleiter seines Besitzers und kehrte von seinen Jagdflügen auf einen Pfiff hin zurück.

Die Jagd mit Hunden war für die Knappen schwieriger. Erwachsene Adelige folgten den Hunden im Galopp und die Jungen auf ihren kleineren und langsameren Pferden hatten Mühe mitzuhalten. Außerdem mussten die Knappen lernen, welches Tier zu welcher Jahreszeit gejagt wurde und welche unterschiedlichen Rituale während der Jagd befolgt werden mussten.

Falknerei: Nur Edelmänner durften in den Wäldern mit Falken und Hunden jagen. Einfache Leute, die beim Jagen ertappt wurden, bestrafte man schwer.

Ein Page, mit dessen Leistungen man zufrieden war, wurde mit 14 Jahren zu einem Knappen. Er bediente bei den Mahlzeiten und half einem Ritter beim Anlegen der Rüstung und den Vorbereitungen für eine Schlacht. Gleichzeitig übte er sich im Umgang mit Schwert und Lanze.

Das Ziel war erreicht, wenn der Knappe 21 Jahre alt wurde, gut gelernt und sich hervorgetan hatte (und reich genug war, um sich Rüstung, Pferde und Diener leisten zu können): Er wurde zum Ritter erklärt. Dies geschah im Rahmen einer Zeremonie, die mit einem Gebet begann und damit endete, dass ihn sein Herr mit einem Schlag der Hand oder des Schwerts auf die Schulter zum Ritter schlug.

Von Rittern wurde erwartet, dass sie mutig, ehrlich, sanft, zuverlässig, gläubig und ihrem Herrn ergeben waren. Sie sollten andere Menschen mit Respekt behandeln – doch waren mit »Menschen« in diesem Fall eher die anderen Adeligen gemeint. Die einfachen Leute behandelten die Ritter oft schlecht und nahmen ihnen gedankenlos ihr Land und ihr Eigentum weg.

Weil sein Vater ein Ritter war, will auch der Waisenjunge ein Ritter werden. Der Burgherr sagt: »Sei mein Page!« Und der Junge wächst heran. Er erlernt das Bogenschießen und das Reiten, er beherrscht bald Lanze und Schwert. Mit vierzehn Jahren ist er groß und stark. Der Burgherr ernennt ihn zu seinem Knappen.

Alltagsleben

Eine Burg war nicht nur eine Festung, sondern auch das Zuhause und der Arbeitsplatz vieler Menschen: des Burgherrn und seiner Familie, aber auch der Soldaten und Diener. Mit anderen Worten: Die Burg war wie eine geschäftige kleine Stadt.

Eine Burg war in Zeiten des Kriegs und der Gefahr ein sicherer Zufluchtsort. Im Mittelalter gab es viele Kriege, aber auch immer wieder friedliche Zeiten. Manchmal dauerte der Friede viele Jahre lang. Auch in diesen ruhigeren Zeiten waren Burgen wichtig: Sie waren das Zuhause der Familie des Burgherrn und aller Menschen, die in der Burg arbeiteten.

Der große Saal im Bergfried bildete den Mittelpunkt der Burg. Hier wurden Bankette, aber auch die täglichen Mahlzeiten abgehalten. Was gegessen wurde, stammte von den Ländereien, die die Burg umgaben

▲ **Die Schmiede:** Mit einem gewaltigen Blasebalg wurde Luft in das Feuer gepumpt, bis es heiß genug war, um Stahl zu schmelzen. Mit Hammerschlägen formten die Schmiede das Metall.

und die die Quelle ihres Wohlstands waren (siehe S. 16–17). Die Speisen wurden in den Küchen zubereitet, in denen die Köche und ihre Helfer an großen Feuerstellen arbeiteten (siehe S. 10–11).

In der Nähe des Saals lagen andere Räumlichkeiten, darunter die Privatgemächer des Burgherrn und seiner Familie, die nachts als Schlafräume und tagsüber als Büro und Wohnzimmer dienten. Nicht weit davon entfernt waren die kleineren Zimmer der Dutzenden von Dienern und die Unterkunft des Kaplans, der in der Kapelle Messen las

und die Kinder unterrichtete (siehe S. 6–7).

Im Zwinger standen die Wirtschaftsgebäude. In den Ställen waren die Pferde der Garnison oder Burgwache untergebracht sowie all die Pferde, die zum Vergnügen und bei der Jagd geritten wurden. Jagen und Reiten waren beliebte Zeitvertreibe und reiche Leute hielten sich dafür viele Pferde. Weil man für die Jagd auf Hirsche und Hasen auch Hunde brauchte, befand sich neben dem Pferdestall der Zwinger der Jagdhunde.

Auch Handwerker, deren Arbeit mit den Pferden und der Jagd verbunden war, hatten im Zwinger ihre Werkstätten. Schmiede beschlugen die Pferde und reparierten Gegenstände aus Eisen und Bronze. Sattler schnitten Leder für Sättel und Zaumzeuge zu und nähten die Teile zusammen. Andere Handwerker hielten Waffen und Rüstungen instand, stellten Schwerter her und schleiften sie oder fertigten Kettenhemden und Panzerplatten (siehe S. 22–23).

▲ **Eine Windmühle:** Runde Mahlsteine zerreiben das Getreide zu Mehl. Sie werden vom Wind angetrieben. Er bringt die Flügel zum Drehen und diese Bewegung wird auf die Mühlsteine übertragen. Mühlen können auch mit Wasserkraft betrieben werden.

Aber auch landwirtschaftliche Arbeiten fanden im Zwinger statt. Hier standen Getreidespeicher und manchmal auch eine Windmühle, in der Getreide zu Mehl gemahlen wurde. Im Herbst wurden im Zwinger die Tiere geschlachtet. Ihr Fleisch wurde zerteilt und durch Räuchern und Einsalzen haltbar gemacht.

Auch in Friedenszeiten musste die Burg bewacht werden. Die Ritter und Soldaten, deren Aufgabe dies war, lebten in den Wachtürmen. Das Torhaus war ihr Hauptquartier und Waffenlager. Gefangene und Verbrecher wurden im unterirdischen Kerker eingesperrt – und manchmal sogar dort vergessen …

Speis und Trank

Ein Bankett war ein Fest für alle Sinne. Akrobaten, Musiker und Jongleure unterhielten die Gäste, die an langen Tischen Fleisch, Fisch, Pasteten und kunstvoll geformte Süßspeisen vorgesetzt bekamen. Zu trinken gab es Wein und starkes Bier.

Die Gäste konnten aus einem großen Angebot von Speisen wählen. Je reicher der Gastgeber war, desto zahlreichere und unterschiedlichere Gerichte wurden aufgetragen. Außer Braten, die auch wir noch kennen, bereiteten die Köche der Burgherren Schwäne, Kraniche, Reiher, Lerchen und Finken zu und neben den bis heute gebräuchlichen Speisefischen kam das Fleisch von Robben, Delfinen und Walen auf den Tisch.

Die Köche machten es den Gästen nicht immer leicht zu erkennen, was sie da gerade aßen, denn sie ließen eine Speise wie eine andere aussehen oder wagten ungewöhnliche Zusammenstellungen. Ein Rezept empfahl, das Hinterteil eines Ferkels an die Brust eines großen Huhns zu nähen, ein anderes Rezept führte den Kamm und die Füße eines Hahns als Zutaten zu einem Salat auf. Ähnlich wie in der heutigen fernöstlichen Küche gab es Speisen aus Fleisch und Früchten oder mit süßsaurem Geschmack. Man setzte reichlich Gewürze ein – um den Geschmack zu verändern oder damit die Gäste nicht merkten, dass das Fleisch bereits verdorben war.

▲ **Die Küche:** Für ein einziges Bankett schlachteten die Köche Unmengen von Hühnern, Enten und Gänsen. Einbis zweimal die Woche wurde Brot gebacken.

Bei der Zubereitung mussten die Köche darauf achten, dass alle Speisen mit den Fingern gegessen werden konnten, denn man benutzte noch keine Gabeln. Außerdem hatten viele Menschen nicht mehr all ihre Zähne und konnten nur Breie und Gehacktes essen.

Bei einem Bankett ging es sehr feierlich zu. Fanfaren kündeten den Beginn des Mahls an

Unterhaltung

Bei Festen traten Musiker und Artisten auf. Es gab Barden, die von einer Burg zur nächsten reisten und Liebe und Ritterlichkeit besangen, in ihren Liedern aber auch von aktuellen Ereignissen berichteten. In einer Welt, in der es keine Zeitungen gab, waren sie diejenigen, die Nachrichten und Neuigkeiten verbreiteten. Oft waren ihre Lieder aber auch nur unanständig und derb.

Jongleure und Akrobaten traten ebenfalls vor den Gästen eines Festmahls auf. Die einen warfen Bälle und Keulen hoch in die Luft und fingen sie wieder auf, die anderen führten erstaunliche Saltos vor.

Manche mittelalterliche Vorführungen würden uns heute nicht sehr gut gefallen. So waren z.B. dressierte Tiere wie Tanzbären sehr beliebt. Außerdem lachten die Leute gerne über behinderte Menschen. Viele der auftretenden Narren waren Zwerge, hatten einen Buckel oder waren geistig behindert.

▲ **Musiker:** Barden waren häufig sehr gut angezogen, denn das reiche Publikum belohnte sie mit abgelegten Kleidern. Der englische König Eduard II. (1284–1327) schenkte vier Barden 23 m Stoff.

und Pagen brachten Wasserkrüge und Schüsseln herbei, damit sich die Gäste die Hände waschen konnten. Die Speisen wurden nicht von Tellern, sondern von großen Brotscheiben gegessen, die sich mit Soße voll saugten und die nach dem Mahl von den Dienern an Bettler verteilt wurden.

Zwischen den Hauptgängen wurden raffiniert zubereitete Kleinigkeiten serviert. In wohlhabenden Haushalten reichte man Süßspeisen aus geriebenen Mandeln und dem damals sehr kostbaren Zucker. Sie waren zu Skulpturen geformt, die Jagdszenen, Fabelwesen oder Schiffe darstellten.

Die Ernährung der einfachen Leute dagegen war nicht sehr abwechslungsreich. Grundnahrungsmittel waren Brot sowie mit Zwiebeln und Knoblauch gewürzte Bohnen. Fleisch und Fisch waren seltene Delikatessen. Ein wichtiger Energielieferant war starkes Bier. Kinder erhielten so genanntes Dünnbier, das aber immer noch Alkohol enthielt.

▲ **Schlichte Kost:** Die Bauern, die die Zutaten für die Bankette des Burgherrn lieferten, mussten sich selbst mit einfachen Speisen begnügen.

Die Lerchen und Amseln singen nicht mehr, das Quieken des Spanferkels ist verstummt. Sie sind tot, gebraten und auf Platten angerichtet, zusammen mit Leckereien aus Honig und Aal in Gelee.

Viele Gäste sind zum Bankett geladen und Aufgabe des Jungen ist es, ihnen nachzuschenken. Als er die Tochter des Burgherrn bedient, verschüttet er vor Aufregung Wein auf ihr Kleid.

Burgbewohner

In einer Burg war immer etwas los. Soldaten sorgten für die Sicherheit der Burg und ihrer Bewohner, Diener hielten die Räume sauber, kümmerten sich um die Kleidung und um die Versorgung mit Lebensmitteln. Manche von ihnen trugen bunte Uniformen.

Eine Burg war im Grunde eine Männerwelt. Unter dem Personal waren nur wenige Frauen. Sie übten Tätigkeiten aus, die damals auch außerhalb der Burgmauern für Frauen reserviert waren: Sie wuschen die Wäsche und brauten das Bier oder versorgten als Ammen die jüngeren Kinder.

Außerdem gab es die persönlichen Dienerinnen der adeligen Familie. Sie halfen den Damen und Mädchen beim Ankleiden, richteten ihr Bad und leisteten ihnen Gesellschaft. Sie wurden fast als Familienmitglieder angesehen und trugen die abgelegten Kleider der adeligen Damen auf, sodass man sie von diesen manchmal kaum unterscheiden konnte. Auch die männlichen Mitglieder der Burgherrenfamilie hatten eigene Diener, denen sie ihre alten Kleidungsstücke schenkten.

Die Mehrheit des Personals trug eine Livree oder Uniform. Der gesamten Dienerschaft stand der Verwalter vor. Er sorgte dafür, dass auf der Burg alles in geordneten Bahnen lief, war jedoch nicht für militärische Angelegenheiten zuständig. Der Kammerherr überwachte alles, was mit dem großen Saal und den Privatgemächern des Burgherrn zu tun hatte (siehe S. 8).

Die meisten anderen Bediensteten befassten sich mit dem

▲ **Verwalter (links) und Kammerherr (rechts)**: Zusammen sorgten diese beiden dafür, dass stets genügend Lebensmittel und Getränke vorrätig waren.

Junge und Mädchen sitzen im Burghof und er spielt für sie eine schöne Melodie. Diener und Dienerinnen beobachten sie heimlich und flüstern: »Bald findet hier eine Hochzeit statt!« Doch wer steht dort in der Ecke und verzieht höhnisch das Gesicht? Ein bösartiger junger Taugenichts, der das Mädchen für sich begehrt.

Zubereiten und dem Servieren der Mahlzeiten. Neben dem Koch stand der Haushofmeister der Speisekammer vor. Der Kellermeister überwachte Wein- und Bierfässer und füllte die Krüge für die Tafel. All diese Männer waren in der Burg sehr angesehen und besaßen eigene Diener. In einer großen Burg, in der viele Menschen arbeiteten, hatten sogar die Diener der Diener Diener!

Niedriger gestellte Diener trugen nur in sehr vornehmen Haushalten Livreen – z. B. in Burgen, die Königen gehörten. In allen anderen Burgen konnte man ihre Aufgabe an ihrer Kleidung erkennen: Der Kittel des Jungen, der in der Küche den Bratrost drehte, war über und über mit Fett bespritzt und der Gehilfe des Bäckers war mit Mehl bestäubt. Auch den Männern, die draußen im Zwinger arbeiteten, sah man ihre Tätigkeit an: Die Schmiede hatten kräftige Arme und Lederschürzen, die Hundewärter waren schmutzig und rochen nach Hund.

Jede Burg hatte eine Garnison (Garde) wehrtüchtiger Männer. Ihr Befehlshaber war ein Offizier, der in Abwesenheit des Burgherrn die Burg als dessen Stellvertreter verwaltete oder sich diese Aufgabe mit der Gattin des Burgherrn teilte. Er und der Marschall organisierten die Verteidigung der Burg durch die Ritter, die wiederum die Fußsoldaten und Bogenschützen befehligten, die auf den Mauern und Türmen Wache hielten.

◂ **Haushofmeister (links) und Kellermeister (rechts):** Diese beiden waren mit dafür zuständig, dass der Burgherr, seine Familie und die Gäste bei Tisch mit Speisen, Brot und Getränken versorgt waren. Ihnen standen zahlreiche Helfer zur Seite.

◂ **Schmied (links), Näherin (rechts) und Wäscherin (Mitte):** Waschfrauen, Näherinnen sowie Waffenschmiede und viele andere Handwerker arbeiteten innerhalb der Burgmauern oder aber in unmittelbarer Nähe der Burg. Eine große Burg konnte Hunderte von Menschen mit Arbeit versorgen.

Gesundheit und Hygiene

Das Leben in einer Burg war nicht gerade gesund. Das Wasser war schmutzig, die Ernährung nicht ausgewogen und die Gefahr, zu erkranken oder sich zu verletzen, war groß. Den Ärzten mangelte es an Wissen und geeigneten Heilmitteln.

Am besten wurde man im Mittelalter gar nicht erst krank! Leider war dies gar nicht so leicht. Manche Leute starben an den Folgen von Unfällen und Verletzungen, die meisten aber starben an Krankheiten, die heute heilbar sind, wie Masern, Kinderlähmung und Pocken.

Viele Krankheiten wurden durch schmutziges Wasser verursacht. Wir wissen heute, wie wichtig es ist, Wasser keimfrei zu halten, doch den Menschen damals war dies nicht klar. Sie holten ihr Wasser aus Brunnen, Flüssen und Bächen, die häufig verschmutzt waren. Mitunter steckten sich die Menschen auch in den Toiletten der Burgen an.

▲ **Eine Toilette:** Die Toiletten der Burgen, mitunter auch »Garderoben« genannt, waren nicht unbedingt immer übel riechend und zugig. Manche besaßen eine Spülung, für die Regenwasser vom Dach gesammelt wurde.

Die sanitären Anlagen bestanden aus Schächten in den Burgmauern, an deren oberem Ende ein Sitz war. Die Schächte mündeten in den Burggraben oder eine einfache Grube, die regelmäßig vom Latrinenmann ausgeleert werden musste.

Die Ärzte jener Zeit verfügten nur über geringe medizinische Kenntnisse. Bei der Erkennung und Behandlung von Krankheiten verließen sie sich häufig auf abergläubische Vorstellungen. So glaubten sie, die Krankheit eines Patienten mithilfe der Astrologie diagnostizieren zu können: Von der

Das Mädchen ist vom Pferd gefallen und ihr Rücken schillert nun grün und blau. Der Arzt sagt: »Ihre Knochen heilen, wenn sie nur diesen Kräutertrank trinkt.«

Der Trank stinkt so abscheulich, dass sie ihr Gesicht verzieht. Der Knappe bringt ihr Honig, der die bittere Medizin versüßen soll. Er hat längst ihr Herz gewonnen.

Anordnung der Planeten im Augenblick der Geburt des Kranken schlossen sie auf die Krankheit, an der er litt. Ärzte versuchten es auch mit Numerologie: Sie ordneten jedem Buchstaben des Namens eine Zahl zu und »errechneten« aus deren Summe die Krankheit. Zumindest eine mittelalterliche Methode ist allerdings heute noch gebräuchlich: die Urinuntersuchung. Leider aber war das Wissen der Ärzte damals so gering, dass sie auch aus ihr wenig erfahren konnten.

Die Auswahl an Behandlungsmethoden war beschränkt. Man kannte Heilkräuter, doch am häufigsten ließen die Ärzte ihre Patienten zur Ader. Dazu ritzten sie eine Vene mit einem scharfen Messer, sodass Blut abfloss. Sie glaubten, die Heilung hinge davon ab, an welcher Stelle sie ihren Schnitt anbrachten, und versuchten, diesen Punkt mithilfe von Astrologie und Numerologie zu ermitteln. In den meisten Fällen führte diese Methode aber nicht zur Heilung. Ferner sollten Fastenkuren und Gebete dazu beitragen, Beschwerden zu heilen, aber das Fasten war in vielen Fällen ebenso schädlich wie der Blutverlust.

Nur reiche Leute konnten sich ärztliche Behandlungen leisten. Die Armen halfen sich selbst und hatte damit oft mehr Erfolg. Traditionelle Heiler – oft weise alte Frauen – sammelten Kräuter und bereiteten aus ihnen Tränke und Salben. Manche dieser Mittel waren ebenso nutzlos wie Astrologie und Numerologie, andere dagegen wenden auch wir noch an. Weidenrinde z. B. wurde im Mittelalter als wirksames Schmerzmittel verwendet. Heute wissen wir, dass sie Salicylsäure enthält – den Wirkstoff unseres Aspirins.

▸ **Aderlass:** Diese Kur war im Mittelalter sehr beliebt, obwohl sie in vielen Fällen den Körper schwächte und rascher zum Tod führte. Heute verfahren Ärzte andersherum: Oft führen sie den geschwächten Patienten durch Transfusionen Blut zu.

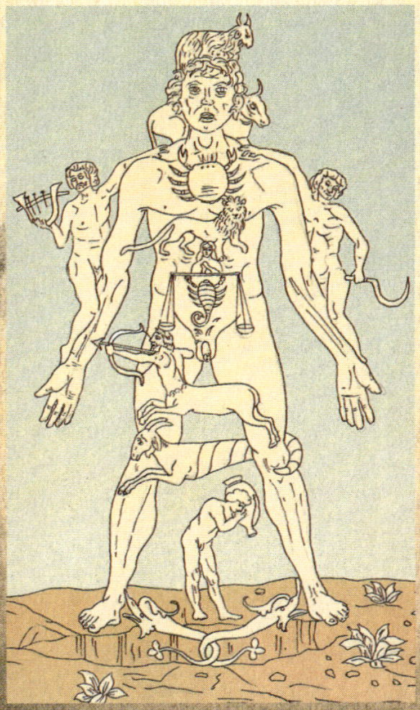

◂ **Astrologie:** Die Ärzte des Mittelalters verließen sich auf die Astrologie. Die Abbildung zeigt angebliche Beziehungen der Sternzeichen zu Körperteilen.

Burg und Ländereien

Das Land rings um die Burg lieferte die Nahrungsmittel, die in ihr gegessen wurden. Im Sommer umspannten die Felder, auf denen Weizen und Gerste reiften, die Burg wie ein goldener Teppich. Aus dem Getreide stellte man grobes Brot und starkes Bier her.

Vom höchsten Wachtturm einer Burg hatten ihre Wachen einen Ausblick auf wildreiche Wälder, auf Viehweiden und wogende Getreidefelder. Wälder, Weiden und Felder lieferten die Nahrung für all die hungrigen Menschen, die sich täglich im großen Saal zum Essen versammelten.

Die Jagd diente zur Versorgung mit Fleisch und war gleichzeitig auch ein Vergnügen, dem aber nur der Burgherr und seine Gäste nachgehen durften. Einfache Leute, die beim Fangen oder Töten von Hirschen, Wildschweinen, Kaninchen und Tauben ertappt wurden, wurden schwer bestraft.

▲ **Der Jahreskreis:** Die Bauern in den Ländereien einer Burg führten ein hartes Leben. Jede Jahreszeit machte andere, anstrengende Tätigkeiten notwendig. Viele Bauern starben relativ früh an Erschöpfung.

Das wenige Fleisch, das diese Leute aßen, kam von ihren eigenen Schweinen, Rindern und Gänsen, die sie auf den nicht eingezäunten Weiden grasen lassen konnten, die in Allgemeinbesitz waren. In Hungerzeiten aber wurde trotz der Verbote und Strafen gejagt.

Die meisten Menschen, die in den Ländereien lebten, waren buchstäblich Eigentum des Burgherrn und wurden als »Leibeigene« bezeichnet. Der Herr gab ihnen Land und als Gegenleistung lieferten sie ihm einen Teil ihrer Ernten und einige der von ihnen gezüchteten Tiere ab.

Bier und Braukunst

Die Herstellung von Bier war die Aufgabe des Mälzers und der Brauerin. Der Mälzer weichte Gerste ein, bis sie keimte. Dann röstete er sie, um aus ihr Malz zu machen. Durch dieses Verfahren wurde aus der im Getreide enthaltenen Stärke Zucker. Vor dem eigentlichen Brauen wurde das Malz zwischen Mühlsteinen zermahlen. Die Brauerin kochte das Malz mit Wasser auf und fügte sodann Hefe hinzu, die den Zucker im Malz zu Alkohol werden ließ. So entstand starkes Bier, das aus drei Gründen beliebt war: Es stellte ein wertvolles Nahrungsmittel dar, war durch das Kochen reiner als Wasser (siehe S. 14) und half den Bauern, die es tranken, für einige Stunden die schwere Arbeit zu vergessen.

▸ **Brauen:** Für die schwere Arbeit erntete die Brauerin häufiger Tadel als Lob. Die Qualität des Biers prüfte ein Mann, der sich eine halbe Stunde lang in eine Bierpfütze setzte: Klebte seine Hose anschließend an der Bank fest, so war das Bier schlecht.

Die Leibeigenen mussten auch eine bestimmte Anzahl von Tagen im Jahr für den Burgherrn arbeiten. Der Vogt bestimmte diese Tage und wählte dafür meist diejenigen aus, an denen das Wetter am günstigsten war. So mussten die Leibeigenen z.B. an einem schönen Frühlingstag die Felder des Burgherrn pflügen – und hatten für ihre eigenen Felder keine Zeit. In der Erntezeit war das Getreide auf den Feldern des Burgherrn genau dann reif, wenn die Bauern ihre eigenen Felder abernten mussten. Aus dem Getreide der Bauern wurden Brot und Bier gemacht. Für das Brot wurden die Körner zwischen den beiden Mühlsteinen einer Wind- oder Wassermühle gemahlen (siehe S. 9). Ein Teil der Kleie konnte herausgesiebt werden, doch nach dem Backen war selbst das feinste Brot jener Zeit gröber und schwerer als unser heutiges Graubrot.

Es ist Erntezeit. Der Knappe hilft Getreide zu Garben zu binden. Er wischt sich den Schweiß von der Stirn und sehnt sich nach einem Krug Bier, als plötzlich sein Rivale mit bewaffneten Soldaten vor ihm steht.

Der junge Mann zeigt mit dem Finger auf ihn: »Er hat den Teller gestohlen. Verhaftet den Dieb!«

Verbrechen und Strafe

Verstöße gegen Gesetze wurden schwer bestraft. Wer kleinere Missetaten begangen hatte, wurde öffentlich zur Schau gestellt. Strafen für schwere Vergehen waren Brandmale, das Abschneiden eines Ohrs oder Tod durch den Strang.

»Strafe« bedeutete im Mittelalter oft »Tod«. Wer ein Schaf gestohlen hatte und überführt worden war, konnte z. B. dafür gehängt werden.

Dies mag uns als übermäßig schwere Bestrafung erscheinen, doch tatsächlich kam es nur selten zu Hinrichtungen. Der Bestrafung musste eine Verhandlung vorangehen, d. h., ein Gericht entschied, ob der Betreffende wirklich ein Vergehen begangen hatte. Mitunter fällte der Burgherr oder sein Marschall das Urteil, häufig aber war dies Aufgabe eines Rats einfacher Männer, die Nachbarn des Angeklagten sein konnten. Sie wussten, wie schwer die Strafen waren, und ließen den Gefangenen oft lieber laufen, als ihn zu verurteilen. Die Gerichte konnten auch Milde walten lassen und z. B. eine Geldstrafe verhängen.

Wenn sie nicht entscheiden konnten, ob der Betreffende schuldig war, ordneten sie ein Gottesurteil an. Gottesurteile waren oft sehr schmerzhaft und stellten an sich schon eine Bestrafung dar. Bei diesen Prüfungen musste der Angeklagte z. B. barfuß über glühende Metallplatten laufen oder einen Klumpen glühendes Eisen in Händen halten. Heilten die dabei entstandenen Wunden nicht innerhalb von drei Tagen, so galt der Angeklagte als schuldig.

Andere Prüfungen erfolgten mithilfe von Wasser:

▲ **Der Pranger:** Am Pranger zu stehen war sehr demütigend. Gefährlich wurde es, wenn die Leute den Gefangenen mit Steinen bewarfen. Manchmal wurden sogar Klatschmäuler die Ohren ans Holz genagelt.

Angeklagte wurden in einen Teich oder Fluss geworfen, weil man davon ausging, dass das Wasser rein sei und einen Schuldigen nicht aufnehmen würde. Wer im Wasser versank, galt als unschuldig.

Andere Gottesurteile waren nicht ganz so schlimm. Für die so genannte Prüfung durch das Kreuz mussten zwei Menschen, deren Aussagen nicht übereinstimmten, während der gesamten Dauer einer Messe mit ausgebreiteten Armen stehen bleiben. Der, dessen Arme zuerst hinuntersanken, galt als Lügner. (So zu stehen ist anstrengender, als es klingt. Probiert es mal fünf Minuten lang aus!)

Angeklagte, die sich weigerten, an einer Verhandlung teilzunehmen, wurden zu Gesetzlosen erklärt. Sie mussten ihre Familien und ihr Eigentum aufgeben. Ein Gesetzloser stand nicht länger unter dem Schutz des Gesetzes und jeder konnte ihn töten: Er galt als »vogelfrei«. Auch etliche schwerere Vergehen wurden damit bestraft, dass der Täter zum Gesetzlosen erklärt wurde.

Neben Hinrichtung, Geldstrafen und dem Verstoß aus der Gesellschaft gab es auch noch andere schlimme Strafen.

Manche Übeltäter wurden gebrandmarkt, indem man einen glühenden Eisenstempel auf ihre Haut presste. Anderen schnitt man ein Ohr oder die Nase ab. Vergleichsweise harmlos erscheint dagegen noch die Bestrafung durch den Pranger.

Dafür wurde der Gefangene für einige Zeit in ein Holzgestell eingeschlossen und konnte von den Umstehenden mit Erde, Steinen, Mist oder Abfällen beworfen werden.

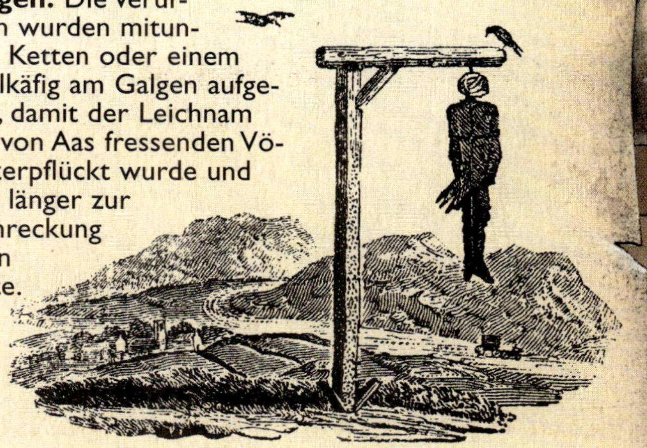

Hängen: Die Verurteilten wurden mitunter in Ketten oder einem Metallkäfig am Galgen aufgehängt, damit der Leichnam nicht von Aas fressenden Vögeln zerpflückt wurde und somit länger zur Abschreckung dienen konnte.

Gottesurteil durch Eisen: Die Wunden, die dabei entstanden, konnten erst nach Wochen abheilen. Trotzdem galt der Geprüfte als schuldig, wenn sich nach drei Tagen keine Besserung zeigte.

Das Gericht tagt im großen Saal. Der Knappe wird beschuldigt, einen goldenen Teller gestohlen zu haben. Der junge Mann hat sich alles ausgedacht, denn er will die Tochter des Barons heiraten. Diebstahl wird mit dem Tod bestraft. Die Geschworenen überlegen: »Kann er es wirklich gewesen sein?« Sie sagen zum Marschall: »Lasst ihn frei!«

Kriegsführung

In Abenteuergeschichten kämpfen tapfere Ritter in glänzenden Rüstungen. Die Wirklichkeit sah anders aus: Gekämpft wurde auf schlammigen Feldern, die nach der Schlacht von Leichen bedeckt waren. Kriege verwüsteten weite Landstriche.

In den Krieg zu ziehen war umständlich und teuer. Ein Ritter kämpfte nicht allein, sondern meist zusammen mit vier oder fünf Soldaten, die ihm zu Fuß oder auf billigen, schlechten Pferden folgten. Diese Soldaten trugen nur leichte Rüstung. Sie kämpften mit Langbogen oder Armbrüsten oder mit langen Lanzen. Außerdem wurde der Ritter von mindestens einem Knappen begleitet, der selbst nicht kämpfte, sondern dem Ritter half: Er legte seinem Herrn die Rüstung an, reichte ihm die Waffen, fing das Pferd ein, wenn der Ritter gestürzt war, und hielt die Ersatzpferde bereit.

▲ **Kavallerieattacke:** In der Schlacht trugen Ritter leichte Rüstungen. Mit der gesenkten Lanze versuchten sie den Gegner aus dem Sattel zu schlagen.

Auch Handwerker wie Schmiede und Sattler kamen mit auf den Kriegszug. Diener sorgten für etwas Bequemlichkeit. Wundärzte kümmerten sich um die Verletzungen, Fuhrmänner beförderten das Gepäck. Sogar Wäscherinnen und Musikanten begleiteten die in den Krieg ziehenden Ritter und Soldaten. Wenn man sich dem Feind näherte, blieben all diese Helfer zusammen mit dem Gepäck zurück und die Ritter und Soldaten bereiteten sich auf den Kampf vor. Schlachten begannen mit einer Kavallerieattacke: Die Ritter stellten sich mit ihren Pferden in Reihen auf und galoppierten mit gesenkter Lanze aufeinander zu. Auf diesen ersten Angriff folgte ein größeres Durcheinander. In modernen Kriegen organisieren Generäle und andere Offiziere den Kampf und erteilen Kommandos. Im Mittelalter waren alle Ritter

Der goldene Teller taucht nicht mehr auf. Der Burgherr ist außer sich und wirft den Knappen hinaus: »Verlass mein Haus! Du bist hiermit verbannt!«

Unser Held reitet weit, weit fort, bis ein Ritter zu ihm sagt: »Komm her, mein Sohn. Du könntest ein Söldner sein. Kämpfe für mich und ich werde dich dafür bezahlen.«

Kampf zu Fuß: Ein Ritter, der aus dem Sattel gestoßen worden war, war nicht länger gegenüber Fußsoldaten im Vorteil. Seine Rüstung schützte ihn zwar auch am Boden, behinderte aber seine Bewegungen und ließ ihn rascher ermüden.

gleichberechtigte Adelige und niemand befehligte sie. Die eigentliche Schlacht zerfiel in viele kleine Kämpfe, bei denen die Ritter einander aus dem Sattel heraus oder zu Fuß angriffen. Oft schonte man das Leben des Gegners, denn für einen gefangenen Ritter konnte man Lösegeld verlangen. Besiegte Ritter wurden eher wie Gäste als wie Gefangene behandelt.

Für die Fußsoldaten war eine Schlacht weitaus gefährlicher. Mit ihren leichten Kettenhemden und Helmen (siehe S. 22) waren sie gegen die Angriffe von Rittern zu Pferd nur unzureichend geschützt.

Nachdem die Sieger die Ritter der Gegenseite gefangen genommen hatten, töteten sie die unterlegenen Bogenschützen und Lanzenträger erbarmungslos.

Die einfachen Leute hatten sehr unter den durchziehenden Armeen zu leiden. Weil die Ritter nie genügend Vorräte für den gesamten Kriegszug mitnehmen konnten, lebten sie von dem, was sie unterwegs fanden. Dies bedeutete, dass sie die Bauernhöfe und Städte auf ihrem Weg plünderten und alle Tiere und sogar das Saatgetreide für das kommende Jahr wegnahmen, sodass die Bauern und ihre Familien hungern mussten.

Gefangen: Für einen Ritter war es demütigend, Gefangener seiner Feinde zu sein. Oft wurde ihm seine wertvolle Rüstung weggenommen.

Rüstungen

Rüstungen oder Harnische waren stabil, aber leicht, und bedeckten den Körper des Ritters wie eine Haut aus Metall. Raffiniert gefertigte bewegliche Teile schützten Knie und Ellenbogen, und die darunter getragene wattierte Kleidung dämpfte Schläge ab.

Überall auf der Welt trugen Krieger Rüstungen, die sie vor den Waffen ihrer Feinde schützten: Die Rüstungen der Samurais waren aus hartem Bambus und die Azteken besaßen zweckmäßige, mit Federn ausgestopfte Schutzkleidung aus Baumwolle. Im mittelalterlichen Europa bestanden die ersten Rüstungen aus einem eisernen Helm und einem Schuppenpanzer oder Kettenhemd.

Schuppenpanzer stellte man her, indem man auf ein wattiertes Kleidungsstück Horn- oder Metallplatten aufnähte. Kettenhemden waren ein festes, aber biegsames Geflecht aus kleinen Drahtringen.

Mit der Zeit entstand das Bedürfnis nach einem besseren Schutz. Daraufhin entwickelten die Waffenschmiede Harnische aus Stahlplatten. Zunächst bedeckten diese nur Brust und Rücken, später auch Beine und Arme. Um 1500 schützte die Rüstung den gesamten Körper des Ritters.

Die vollständige Rüstung war mit 27 bis 32 kg nicht schwerer als die Ausrüstung eines modernen Soldaten. Außerdem war ihr Gewicht angenehmer zu tragen als das eines ebenso schweren Rucksacks, da sie sich auf den ganzen Körper verteilte. Der englische König Heinrich V. (1412–1422) konnte in voller Rüstung in den Sattel springen, ohne die Steigbügel zu benutzen.

Rüstungen wurden nach Maß angefertigt. Die Schmiede stellten aus kleinen Platten gelenkige Verbindungen her, die sich bei

▲ **Rossharnisch:** Sogar Pferde trugen Rüstung! Sie war einfacher gefertigt als die des Ritters und bedeckte Leib und Kopf des Pferdes, aber nicht die Beine. Im 13. Jh. stellte man Rossharnische aus Kettengewebe her, später aus Stahlplatten.

Durch mehrere Kriege kommt der Junge zu Geld und kauft sich eine Rüstung und ein Schwert. Immer wieder zieht er in die Schlacht. Sein Helm dämpft das Klirren der Waffen, seine Rüstung ist ihm am Abend viel zu schwer. Weil er den Befehl zum Rückzug überhört, wird er eines Tages gefangen genommen.

▲ **Schwergewicht:** Mit der Zeit boten die Panzerungen ihren Trägern immer besseren Schutz, doch Sicherheit hatte ihren Preis. Eine vollständige Rüstung des 16. Jh. wog doppelt so viel wie ein drei Jahrhunderte älteres Kettenhemd.

Bewegungen des Ritters übereinander schoben. Die wattierte Kleidung, die darunter getragen wurde, verhinderte ein Wundreiben der Haut. Bei Schwert- und Keulenhieben kam es aber trotz dieser Polsterung zu Prellungen und Knochenbrüchen. Durch die wattierte Kleidung wurde es dem Ritter in seiner Rüstung sehr heiß. Während der Kreuzzüge starben Ritter in ihren Rüstungen an Hitzschlag.

Im 16. Jahrhundert kostete eine gute Rüstung einen Ritter ungefähr so viel, wie uns heute ein kleines Auto kosten würde. Bei den Rüstungen der reichsten Ritter war der Brustharnisch mit Gold und Silber verziert.

Den meisten Rittern war Qualität wichtiger als Eleganz. Sie wollten sich in ihrer Rüstung sicher fühlen und verlangten vom Rüstungsschmied Qualitätskontrollen. Die Schmiede schossen Pfeile auf die Panzerplatten ab, und Rüstungen, von denen die Pfeile abgeprallt waren, bezeichnete man als »geprüfte Rüstung«. Als Waffen mit immer größerer Schusskraft entwickelt wurden, wurden auch die Rüstungen immer schwerer. Durch die Erfindung von Feuerwaffen im 16. Jahrhundert schließlich wurden die Rüstungen nutzlos: Wenn sie stabil genug waren, um Kugeln abzuhalten, waren sie zu schwer, um getragen zu werden.

Waffen

Ritter zogen mit langen Lanzen und rasiermesserscharfen Schwertern in den Krieg. Die sie begleitenden Fußsoldaten kämpften ebenfalls mit Schwertern oder mit Stangenwaffen. Im 14. Jahrhundert kam der Langbogen auf.

Lanze

Diese dicke Holzstange war etwa 3 m lang und besaß eine scharfe Eisenspitze. Der Ritter hielt die Lanze unter dem Arm und versuchte, mit deren Spitze den Gegner aus dem Sattel zu stoßen. Wenn sein Pferd dabei sehr schnell galoppierte, verliehen das Gewicht des Ritters und des Pferdes der Lanze eine gewaltige Stoßkraft.

Schwert

Das Schwert eines Ritters wog 1,3 bis 1,8 kg und war extrem scharf. Wenn es mit großer Kraft geschwungen wurde, konnte es den Kopf eines Mannes mit einem Hieb abtrennen. Bis zum 14. Jahrhundert verwendeten Ritter 0,9 m lange Schwerter als Hiebwaffen. Dann wurden die Rüstungen stabiler und die Waffenschmiede fertigten längere, spitzer zulaufende Schwerter, mit denen man in die Lücken zwischen Panzerplatten stechen konnte.

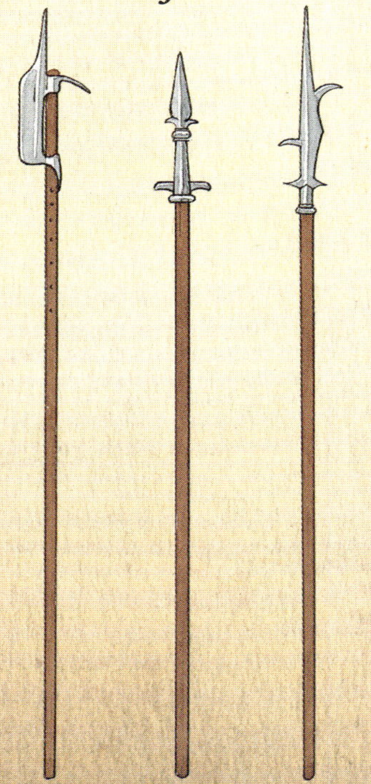

▲ **Stangenwaffen:** Es gab viele Typen langer Hieb- und Stichwaffen. Alle dienten dazu, den Feind in sicherem Abstand zu halten.

Falchion oder Malchus

Das kürzere Schwert der Fußsoldaten nannte man Falchion oder Malchus. Es besaß nur eine scharfe Kante. Damit es besser schnitt, war die Spitze schwerer.

Pike

Die gebräuchlichste Stangenwaffe der Fußsoldaten war die Pike. Mit 6 m Länge eignete sie sich dazu, vom Boden aus einen Ritter zu

Seine Wachen sind bewaffnet, er kommt nicht frei, wenn nicht jemand ein hohes Lösegeld zahlt. Er schreibt seiner Liebsten einen Brief: »Vergiss mich nicht, meine süße Maid.«

Das Mädchen schickt ihm einen Kuchen, in den sie einen Dolch eingebacken hat. Mit der Spitze des Dolchs knackt er das Schloss und läuft weg, so schnell er kann.

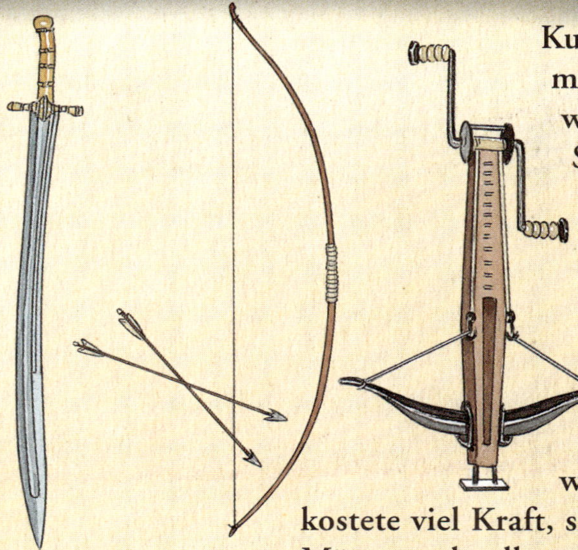

Falchion (links), Langbogen (Mitte), Armbrust (rechts): Auch wenn sie harmloser als moderne Gewehre wirken, waren es furchtbare und oft tödliche Waffen – besonders wenn Hunderte oder gar Tausende von Fußsoldaten sie gleichzeitig einsetzten.

Pferd in Schach zu halten. Die Pikeniere (Pikenträger) stellten sich mit vorwärts und aufwärts weisenden Piken auf und bildeten so einen unüberwindbaren Zaun.

Hellebarde
Die vorderste Spitze dieser 1,85 m langen Waffe wurde wie ein Speer eingesetzt. Mit dem Haken konnte man einen Mann aus dem Sattel ziehen und mit der Klinge eine Rüstung aufschneiden.

Hippe
Bauern stellten diese Waffe her, indem sie eine Hippe, mit der sie normalerweise Pflanzen schnitten, an einer Stange befestigten.

Streitkolben
Die Stacheln der schweren Keule vermochten einen von einem Helm geschützten Schädel zu durchbohren. Der Morgenstern war eine Kugel, die durch eine Kette mit dem Griff verbunden war und dadurch mehr Schlagkraft hatte.

Langbogen
Die Langbögen wurden aus dem Holz von Eiben, Ulmen und Birken hergestellt. Sie waren ungefähr so lang wie die Schützen und es kostete viel Kraft, sie zu spannen. Geübte Männer schnellten in der Minute zwölf Pfeile von der Sehne und konnten auf einen bis zu 255 m entfernten Feind einen wahren Pfeilhagel niedergehen lassen.

Armbrust
Das Schießen mit der Armbrust erforderte weniger Kraft und Geschick als das Bogenschießen, weil die Armbrustsehne mit einer flaschenzugähnlichen Mechanik gespannt wurde. Die kurzen Pfeile, Bolzen genannt, flogen 360 m weit. Das Spannen der Sehne, Einlegen des Bolzens, Zielen und Ziehen des Abzugs dauerten knapp eine Minute. In dieser Zeit konnte ein Langbogenschütze zwölf Pfeile abschießen.

Belagerungsmaschinen

Burgen widerstanden den Kavallerieangriffen und Pfeilen der mächtigsten Armeen. Die einzige Methode, sie einzunehmen, bestand darin, sie zu belagern: Man kreiste die Burg ein und wartete, bis ihre Insassen verhungerten oder sich ergaben.

Indem sie rings um eine Burg Stellungen errichteten, versuchten die Angreifer zu verhindern, dass die Burg mit Nachschub versorgt wurde. Auch bemühten sie sich, die Verbündeten des Burgherrn von der Burg fern zu halten. Wenn eine Burg durch einen Fluss oder Bach mit Wasser versorgt wurde, versuchten die Feinde ihn umzuleiten, damit die Belagerten Durst litten.

Mit zunehmender Nahrungsknappheit wuchs die Verzweiflung der Burgbewohner. Sie begannen die eigenen Pferde zu essen und stürzten sich schließlich auf Hunde und Ratten. Bei der Belagerung von Calais 1346 vertrieben die französischen Verteidiger alle kampfunfähigen Menschen aus der Stadt. Diese Kranken und Verletzten sahen sich zwischen zwei Armeen eingeschlossen und waren so hungrig, dass sie sogar Babys aßen.

Außer der Blockade wendeten die Angreifer auch andere Taktiken an. Sie versuchten die Mauern einzureißen oder sie zu erklettern oder sie gruben unter den Mauern Tunnel, um sie zum Einstürzen zu bringen. Um dabei nicht von den Pfeilen der Verteidiger getroffen zu werden, arbeiteten sie unter einem tragbaren Dach. Wenn die Burg von einem Wassergraben umgeben war, konnten keine Tunnel gebaut werden.

◂ **Katapult:** Wurfmaschinen wie dieser Onager konnten dank zusammengedrehter Seile, die sich rasch aufdrehten, mit großer Wucht Felsbrocken schleudern.

In der Ferne kann er das Schloss erkennen und auch die Soldaten, die es belagern. Er sieht, wie geschossen wird, hört Rufe: »Daneben!« Die Burg ist von Feinden umstellt. Sie haben ihn gesehen, er kann sich nirgends verstecken. Vielleicht ist noch nicht alles verloren. Er gibt vor, er sei aufseiten der Feinde, und hilft beim Laden des Trebuchets.

Wertvolle Hilfsmittel

Die Angreifer deckten ihre Belagerungsmaschinen mit in Wasser eingeweichten Tierhäuten ab, damit die Brandpfeile der Verteidiger ihnen nichts anhaben konnten. Die Bezeichnungen für diese Maschinen – z.B. »Katze« oder »Bär« – könnten von diesen Häuten abgeleitet sein.

Unter einem »Schildkröte« oder »Katze« genannten Dach konnten Angreifer Tunnel graben. Ebenso wie eine richtige Schildkröte kroch das Schutzdach ganz langsam auf die Burgmauern zu.

Mit mächtigen Wurfmaschinen versuchte man die Burgmauern zu beschädigen. Sie funktionierten wie riesige Katapulte und schleuderten Felsbrocken und andere Wurfgeschosse. Die meiste Schusskraft wies das Trebuchet auf, das so groß wie ein Haus war. An einem Ende seines Arms hing ein schweres Gewicht, das bewirkte, dass ein Felsbrocken, der doppelt so schwer wie ein Mann war, über 200 m weit fliegen konnte.

Mit Trebuchets wurden auch die Köpfe ermordeter Gefangener oder verwesende Tierkadaver über die Mauern hinweg in die Burg geschleudert. Der Rammbock bestand aus einem Baumstamm, der in einem Gerüst an Seilen hin- und herschwang. Vor dem Eingang der Burg aufgestellt, konnte er ein Loch in das hölzerne Tor schlagen.

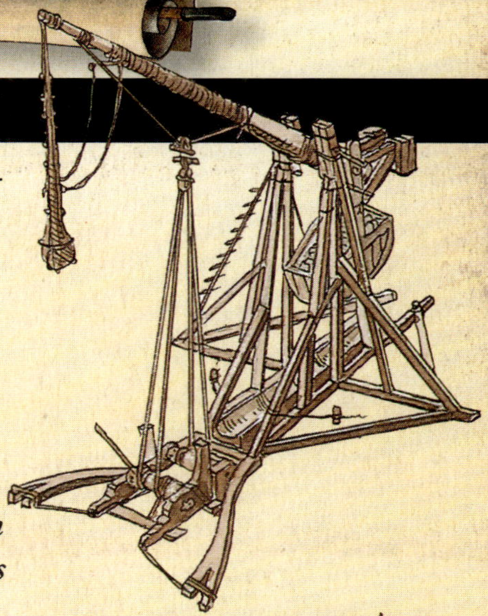

▲ **Trebuchet:** Mithilfe von Steinen gleicher Größe konnte ein Trebuchet immer wieder auf die gleiche Stelle in einer Mauer einschlagen.

◀ **Belagerungsturm:** Wenn Angreifer die Burgmauern erklimmen wollten, verwendeten sie einen beweglichen Turm. Sie konnten die Leitern in seinem Inneren hinaufsteigen, ohne von Pfeilen getroffen zu werden.

Wappen

In ihren Rüstungen sahen die Ritter einander ziemlich ähnlich. Um in der Schlacht nicht mit dem Gegner verwechselt zu werden, malten sie auf ihre Schilde die Familienwappen auf. Fachmann für alles, was mit Wappen zu tun hatte, war der Herold.

Das Wappen auf der Fahne oder dem Mantel eines Ritters zeigte an, wer er war. Ferner bewies es, dass der Ritter adelig war und somit einer bedeutenden Familie angehörte. Weil Wappen nur Bilder und keine Buchstaben hatten, wurden sie auch von Menschen erkannt, die nicht lesen konnten.

Wappen waren so ähnlich wie die heutigen Supermarktschilder: Ihre besonderen Zusammenstellungen von Farben und Formen ließen sich schon von weitem erkennen. Die ersten Wappen waren noch sehr einfach und setzten sich aus klaren Formen und Fabeltieren als Wahrzeichen einer Familie zusammen. Als aber immer mehr Leute ein Wappen besaßen, wurden die Zeichnungen komplexer. Anstelle eines einzigen Bilds vor einfachem Hintergrund wiesen sie mehrere Symbole und Muster auf.

Kompliziert wurde die Gestaltung des Wappens auch, wenn ein Ritter heiratete. Für das neue Wappen wurden die Symbole von Gatte und Gattin schachbrettartig angeordnet. Es war die Aufgabe der Herolde – die auch Boten der Ritter waren –, Wappen zu entwerfen und zu beschreiben. Wappenkunde bezeichnet man auch als Heraldik.

Um Wappen zu beschreiben, benutzten die Herolde französische Ausdrücke. Wenn ein Herold z.B. sagte: »argent ein Löwe rampant gules«, meinte er: »Ein silberner Hintergrund mit einem roten steigenden Löwen.«

Die Wappen überlebten das Zeitalter der Ritter und Rüstungen. Viele Familien bewahren ihr Wappen bis heute.

Blasonierung

Die Beschreibung eines Wappens mitsamt all seinen Bestandteilen nennt man Blasonierung.

Helmdecken: In heißen Ländern verwendeten die Ritter einen Sonnenschutz für den Nacken, der zu einem Teil des Wappens wurde.

Krone: Nur Könige und Adelige durften auf ihren Wappen Kronen abbilden.

Schildträger: Menschen- oder Tierfiguren hielten das Schild. Sie könnten ursprünglich Darstellungen von Dienern gewesen sein, die das Schild des Ritters bei Turnieren trugen.

Felde: Ein verheirateter Mann bildete auf einer Hälfte seines Schilds das Wappen seiner Gattin ab. Heiratete sein Sohn, so wurde das Schild wieder zweigeteilt, sodass es schließlich ein Schachbrettmuster erhielt.

Helmzier: Ritter schmückten ihre Helme mit Aufbauten aus Holz oder Leder, die an einen Hahnenkamm erinnerten.

Helmwulst: Diese Reifen aus gedrehter Seide oder Stoff fixierten die Helmdecken auf dem Helm.

Helm: Der Helm über dem Schild zeigte den Rang des Wappenbesitzers an. Der Helm eines Königs war aus Gold und blickte nach außen. Die Helme von Knappen waren aus Stahl und blickten seitwärts.

Schild: Die Figuren auf einem Schild hatten mitunter eine besondere Bedeutung (»redendes Wappen«). Das Schild des Ritters Thomas Courbet z. B. zeigte eine Krähe, weil das französische Wort für Krähe »corbeau« ähnlich wie Courbet klingt.

Motto: Unter dem Schild oder über der Helmzier stand manchmal ein Sprichwort oder ein Wahlspruch des Ritters.

Die Belagerung zieht sich über Monate hin. Alle Soldaten sind des Kämpfens müde. Unser Held schlägt vor: »Macht mich zu eurem Herold. Ich werde so tun, als könntet ihr noch lange durchhalten.« Doch in der Burg verrät er die Strategie der Belagerer. Bald sind sie besiegt und er kann jetzt als Held um die Hand seiner Liebsten anhalten.

Sport und Zeitvertreib

Kraack! Holz splittert und ein Ritter stößt seinen Gegner aus dem Sattel. Dabei sind die beiden nicht einmal Feinde! Sie nehmen an einem Turnier teil, einem Wettstreit, bei dem sich die Zuschauer gut unterhalten.

Im Mittelalter in einer Burg zu leben bedeutete nicht nur ständig arbeiten oder kämpfen zu müssen: Die Menschen hatten auch oft Spaß.

Einige Kinderspiele des Mittelalters sind immer noch beliebt (siehe S. 31), und die Turniere waren aufregender und festlicher als unsere Sportveranstaltungen.

Die ersten Turniere waren »Freundschaftskämpfe« mit echten Waffen, und wenn die Teilnehmer zu eifrig mittaten, gab es Tote und Verletzte. Um die Mitte des 14. Jahrhunderts waren die Turniere zu geregelten Wettkämpfen zwischen jeweils zwei Rittern geworden. Die dabei verwendeten Lanzen waren stumpf und hohl, sodass sie leicht brachen, und die Rüstungen waren besonders schwer. Auf diese Weise vermied man tödliche Unfälle, doch kam es oft zu Knochenbrüchen.

▲ **Spaß für Kinder:** Für das »Apfelschnappen« band man den Apfel im Mittelalter an einen Ast.

Der Turnierplatz wurde durch einen niedrigen Zaun (Schranke) längs in zwei Hälften geteilt. Die Ritter bestiegen an den beiden gegenüberliegenden Seiten ihre Pferde, senkten die Lanzen und ritten aufeinander los. Es ging darum, den Gegner aus dem Sattel zu stoßen, ohne dabei selbst vom Pferd zu stürzen.

Der Unterlegene verlor sein Pferd, seine Rüstung und mitunter auch seine Freiheit an den Sieger. Dieser konnte für den Besiegten ein Lösegeld verlangen (siehe S. 21) und

Der Burgherr verkündet: »Wir werden die Hochzeit mit einem Turnier feiern.« Als der Taugenichts das hört, macht er einen Handstand, damit es so aussieht, als freue er sich. Dabei fällt etwas Glänzendes aus seinem Hemd: der goldene Teller! Also ist er der Dieb. Weinend gesteht er die Tat. Der Burgherr will ihn hängen, aber der junge Ritter lässt Gnade walten und schickt den Rivalen außer Landes.

manche Ritter wurden auf diese Weise sehr reich.

Bei Turnieren ging es aber nicht nur um das Kämpfen. Es waren Vergnügungen, zu denen der Veranstalter Freunde und Verwandte einlud. Die Ritter schlugen in der Nähe des Turnierplatzes ihre bunten Zelte auf und die vornehmsten Gäste nahmen auf Tribünen Platz. Musikanten spielten auf und oft gab es nach dem Turnier Feiern und Bankette.

Turniere waren nicht die einzigen Zeitvertreibe der Burgbewohner. Brettspiele wie Schach und Backgammon waren beliebt. Bei schönem Wetter ritt man aus oder ging auf die Jagd (siehe S. 7). Große Jagdgesellschaften nahmen Dutzende von Dienern sowie Köche, Schreiber und sogar den Burgkaplan mit. Die Damen jagten mit zahmen Frettchen Kaninchen.

▲ **Brettspiele:** An Regentagen wurden Schach und Backgammon gespielt.

Kinderspiele

Beim Ritterspiel traten vier Kinder gegeneinander an, wobei jeweils eines seinen Verbündeten auf dem Rücken trug – wie bei unserem Hahnenkampf. Die »Reiter« versuchten den Gegner mit den Schultern von seinem »Pferd« zu schubsen.

Spielzeuge waren einfach: Es gab Drachen und Holzkreisel, die mit Schnüren aus getrockneter Aalhaut zum Drehen gebracht wurden. Schweineblasen vom Metzger wurden aufgeblasen, um sie auf Teichen schwimmen zu lassen.

◀ **Steckenpferde:** Mit Spielzeugpferden und stumpfen Lanzen spielten Jungen Turnier und übten dabei ihre Geschicklichkeit.

▶ **Federball:** Mit Holzbrettern anstelle von Schlägern spielten Kinder diesen Vorläufer von Badminton.

Register